Date: 12/15/11

SP J 613.2 DIC
Dickmann, Nancy.
Las frutas /

Comer sano

Las frutas

Nancy Dickmann

Heinemann Library
Chicago, Illinois

www.heinemannraintree.com
Visit our website to find out more information about Heinemann-Raintree books.

To order:
☎ Phone 888-454-2279
⌨ Visit www.heinemannraintree.com to browse our catalog and order online.

Edited by Siân Smith, Nancy Dickmann, and Rebecca Rissman
Designed by Joanna Hinton-Malivoire
Picture research by Elizabeth Alexander
Production by Victoria Fitzgerald
Originated by Capstone Global Library Ltd
Printed and bound in the United States of America, North Mankato, MN
Translation into Spanish by DoubleOPublishing Services

14 13 12 11
10 9 8 7 6 5 4 3 2

Library of Congress Cataloging-in-Publication Data
Dickmann, Nancy.
  [Fruits. Spanish]
  Las frutas / Nancy Dickman.
    p. cm. — (Comer sano)
  Includes bibliographical references and index.
  ISBN 978-1-4329-5127-6 (hc) — ISBN 978-1-4329-5134-4 (pb) 1. Fruit in human nutrition—Juvenile literature. I. Title.
  QP144.F78D5318 2011
  613.2—dc22   2010027730

022011
006066R

Acknowledgements
We would like to thank the following for permission to reproduce photographs: © Capstone Publishers p.**22** (Karon Dubke); Alamy p.**11** (© Bloom Works Inc.); Getty Images pp.**8** (Rosemary Calvert/Photographer's Choice), **17** (Alistair Berg/Digital Vision), **20**, **23 middle** (Heinrich van den Berg/Gallo Images); iStockphoto pp.**5**, **7** (© Elena Korenbaum), **13** (© Suprijono Suharjoto), **23 top** (© Mark Hatfield); Photolibrary pp. **9**, **13** (John Smith/Fancy), **10** (Pixtal Images), **14** (Medicimage), **15** (PureStock), **16** (Radius Images), **21** (Willy De L'Horme/Photononstop); Shutterstock pp.**4** (© Denis and Yulia Pogostins), **6** (© Georgios Alexandris), **12** (© Simone van den Berg), **18** (© Monkey Business Images); USDA Center for Nutrition Policy and Promotion p.**19**.

Front cover photograph of fruit reproduced with permission of © Capstone Publishers (Karon Dubke). Back cover photograph reproduced with permission of iStockphoto (© Suprijono Suharjoto).

We would like to thank Dr Sarah Schenker for her invaluable help in the preparation of this book.

Every effort has been made to contact copyright holders of material reproduced in this book. Any omissions will be rectified in subsequent printings if notice is given to the publishers.

Contenido

¿Qué son las frutas?

Las frutas crecen en las plantas.

Comer frutas puede mantenernos sanos.

naranja

Algunas frutas crecen en los árboles.

parra

uvas

Algunas frutas crecen en las parras.

Mira las frutas

naranja

Muchas frutas son redondas.

Las frutas pueden ser de muchos colores diferentes.

uvas

pasas

Secamos algunas frutas. Las pasas son uvas secas.

Hacemos jugo con algunas frutas.

Cómo nos ayudan las frutas

Las frutas están llenas de nutrientes.

Necesitas nutrientes para mantenerte sano.

Comer plátanos es bueno para
la sangre.

Comer kiwis te ayuda a combatir
los resfriados.

Comer frutas ayuda a tu cuerpo a producir energía.

Se necesita energía para trabajar
y jugar.

Comer sano

Debemos comer cinco porciones de frutas y verduras todos los días.

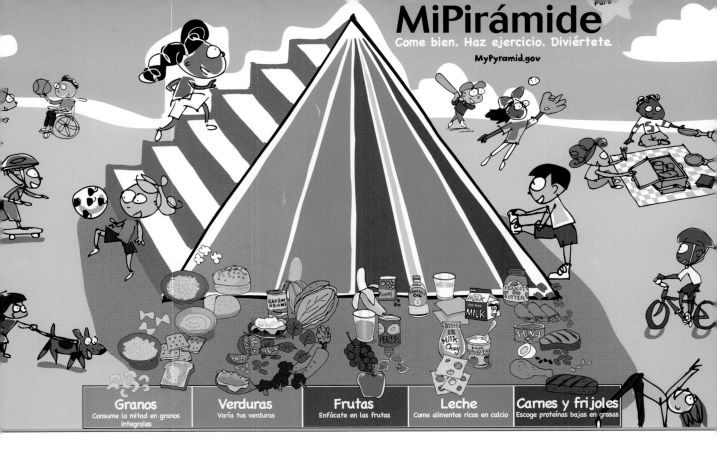

La pirámide alimentaria indica que debemos comer alimentos de cada grupo de alimentos.

Mantenerse sano

Comemos frutas para mantenernos sanos.

¡Comemos frutas porque son deliciosas!

Busca las frutas

Éste es un desayuno saludable.
¿Puedes encontrar las frutas?

Glosario ilustrado

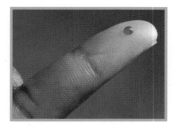

sangre líquido rojo que está dentro del cuerpo. La sangre lleva alimento y aire a todas las partes del cuerpo.

energía capacidad de hacer algo. Necesitamos energía cuando trabajamos o jugamos.

nutrientes cosas que necesita el cuerpo para mantenerse sano. Puedes obtener nutrientes de diferentes alimentos.

Índice

Respuesta de la prueba de la página 22: Las frutas son las fresas que están en el tazón y las naranjas con las que se hizo el jugo de naranja que está en el vaso.

Nota a padres y maestros

Antes de leer

Explique que debemos comer una variedad de alimentos para mantenernos sanos. Clasificar los alimentos en grupos puede ayudarnos a comprender qué cantidad de alimentos debemos comer de cada grupo. Presente el grupo de las frutas. ¿Cuántas frutas distintas pueden nombrar los niños? Explique que comer al menos cinco porciones de frutas y verduras todos los días puede ayudarnos a mantenernos sanos.

Después de leer

- Jueguen a "Adivina la fruta misteriosa". Coloque una fruta o la imagen de una fruta en una bolsa. Como alternativa, escoja una fruta de la portada de este libro. Dé pistas a los niños para ayudarlos a identificar la fruta. Por ejemplo: "Tiene semillas. Tiene sabor ácido. Crece en un árbol". Tomen turnos para describir diferentes frutas.

- Pida a los niños que traigan algunas frutas. Podrían ser sus frutas preferidas o frutas que nunca antes hayan probado. Comparta las frutas con la clase. Explique que nuestras papilas gustativas cambian y por qué es bueno probar cosas nuevas. Haga un pictograma para mostrar las frutas preferidas de la clase.

- Pida a los niños que se sienten en círculo y que un niño se pare en el centro. Escoja cuatro frutas diferentes y dé el nombre de una de esas frutas a cada niño. Cuando el niño del centro del círculo diga en voz alta el nombre de una fruta, todos los que tengan el nombre de esa fruta deben intercambiar sus lugares. El niño del centro debe tratar de hallar un lugar donde sentarse. También puede escoger decir "ensalada de frutas". Si lo hace, todos los niños que están sentados deben intercambiar sus lugares.